BEI GRIN MACHT SICH IHR WISSEN BEZAHLT

Bibliografische Information der Deutschen Nationalbibliothek:

Die Deutsche Bibliothek verzeichnet diese Publikation in der Deutschen National-
bibliografie; detaillierte bibliografische Daten sind im Internet über http://dnb.d-
nb.de/ abrufbar.

Impressum:

Copyright © 2014 GRIN Verlag
Druck und Bindung: Books on Demand GmbH, Norderstedt Germany
ISBN: 9783668274426

Dieses Buch bei GRIN:

https://www.grin.com/document/338034

Anonym

Beginn der Endlosigkeit. Pilotfolgen der Serien "Gilmore Girls" und "Prison Break" im Vergleich

GRIN Verlag

Erste Folgen: Beginn der Endlosigkeit

Vergleichende Darstellung der Serienanfänge

Gilmore Girls und *Prison Break*

Inhaltsverzeichnis

1   Einleitung

„Die Magie des ersten Satzes.“[1]

Man öffnet ein Buch, der Titel hört sich interessant an, der Klappentext klingt ebenfalls einladend und dann kommt sie: Die erste Seite. Die ersten Zeilen sollen faszinieren, sie sollen fesseln, sie sollen überzeugen. Der Leser soll Verlangen nach mehr bekommen, er soll dazu verführt werden, einzutauchen in eine neue, sich ihm öffnende Welt. Der Anfang eines Romans ist ausschlaggebend dafür, ob der Leser sich dazu entscheidet, das Buch weiterzulesen, oder ob er es wieder zuklappt, ins Regal stellt und verstauben lässt. Übertragen auf den medienwissenschaftlichen Bereich ist der Einstieg in eine Serie demnach genauso wichtig. Denn oftmals ist die erste Folge einer Serie ausschlaggebend dafür, ob der Zuschauer weiterhin dabei bleibt und Lust auf mehr bekommt oder ob er stattdessen lieber zur Fernbedienung greift um abzuschalten.

So stellen sich bei der Auseinandersetzung mit diesem Thema folgende Fragen:
Wie kann ein Einstieg in eine Serie aussehen und was muss der Serienanfang generell leisten?

In folgender Arbeit sollen genau diese Fragen aufgegriffen und anhand einer Analyse zweier Pilotfolgen, - der ersten Folge der Serie *Gilmore Girls* und der primären Episode von *Prison Break* -, beantwortet werden. Das Ziel ist demnach, durch die rationale Darstellung der beiden Pilotfolgen einen Vergleich ziehen zu können. So sollen zwei unterschiedliche Möglichkeiten zur Gestaltung eines Serienanfangs aufgezeigt werden. Nach einem kurzen Überblick über die Bedeutung des Begriffs „Pilot“ werden die beiden ausgewählten Folgen vorgestellt und kurz charakterisiert, damit anschließend die angewendeten Strategien herausgearbeitet werden können. Am Ende soll überprüft werden, ob die unterschiedlichen Vorgehensweisen letztendlich zum selben Resultat führen.

---

[1] Brussig, Thomas: Literatur-Wettbewerb

2   Bedeutung des Begriffs „Piloten"

Der Begriff „Pilot", Kurzform von „Pilotfilm" bezeichnet die erste Episode einer Serie. „Pilot" kommt von dem französischen „pilote" und bedeutet Lotse und Flugzeugführer. Übertragen auf den medienwissenschaftlichen Kontext, lässt sich sagen, dass der Pilotfilm die Serie anführt, also den anderen Folgen voraus geht und somit zum Thema hinführt, genauso wie ein Lotse die Flugzeuge einweist.

Die Pilotfolge trägt zudem viel Verantwortung, da sie nicht nur das Interesse des Zuschauers zu wecken hat, sondern diesen auch noch für die Serie zu gewinnen erstrebt.[2] Oft wird ein solcher Pilot bevor er für den normalen Zuschauer zu sehen ist, den Filmstudios vorgelegt. Er wird im Grunde genommen einzig und allein für die Produktionsfirmen angefertigt, um die Schaffung der Serie zu gewährleisten. Oft wird diese erste Folge anschließend auch als Pilot der neuen Serie veröffentlicht, doch nicht selten werden von den Produzenten nochmals Änderungen an den Darstellern oder am Drehbuch vorgenommen und der ursprüngliche Pilotfilm wird überhaupt nicht mehr gezeigt.[3] Die Grundfunktionen eines Piloten bestehen also darin, zu begeistern und so Verlangen nach mehr auszulösen.

Der Autor William Miller charakterisiert beispielsweise den Filmanfang mit folgenden Worten: „The opening is especially important because it is the audience´s first introduction to the film. It should win their attention and interest. It sets the mood of the film."[4] Diese Aussage kann in dieser Weise auch auf Serienanfänge übertragen werden. Weiterhin spricht auch die Medienwissenschaftlerin Britta Hartmann der Exposition „die Aufgabe der Einleitung in die Handlung"[5], so wie „die Einführung des Zuschauers in die spezifische textuelle Form und seine Bindung an das Stück"[6] zu.

Die Intention eines Piloten ist folglich eindeutig: Das Thema der Serie soll der Zielgruppe schmackhaft gemacht werden.

---

[2] Hartmann,Britta (1995): „Anfang – Exposition – Inititation. Perspektiven einer pragmatischen Texttheorie des Filmanfangs" in,: Montage/av, 4.2; S.101
[3] vgl. http://www.tvobscurities.com/articles/unsold_pilots_on_television_67_89/ (Stand: 07.09.2014)
[4] Miller zitiert nach Hartmann: Ebd.
[5] Ebd. S.107
[6] Ebd.

4

3 Vergleichende Darstellung zweier Serienanfänge: *Gilmore Girls* und *Prison Break*

3.1 Kurzcharakterisierung der Serien

Im Folgenden soll zuerst die Serie *Gilmore Girls* und anschließend die Serie *Prison Break* vorgestellt werden.

Die amerikanische Drama-und Comedy-Serie *Gilmore Girls* wurde in den Jahren 2000-2007 in Burbank in Kalifornien produziert und ab 2004 in Deutschland auf dem Sender Vox ausgestrahlt. Idee, Drehbuch und Umsetzung sind auf Amy Sherman-Palladino und ihren Ehemann Daniel Palladino zurückzuführen.[7]

Gilmore Girls thematisiert das Leben von Lorelai Gilmore und ihrer 16-jährigen Tochter Rory. Die beiden leben in einer typischen Kleinstadt, die den Namen Stars Hollow trägt. Rory wird an der teuren Privatschule Chilton angenommen und Lorelai, obwohl sie Leiterin eines Hotels ist, bleibt nichts anderes übrig, als ihre Eltern um finanzielle Unterstützung zu bitten. Es wird deutlich, dass das Verhältnis zwischen Lorelai und ihren Eltern eher schlecht ist, nachdem Lorelai im Alter von 16 Jahren schwanger wurde, daraufhin auszog und die Hilfe ihrer Eltern ablehnte. Die Großmutter Emily nennt daher als Bedingung, dafür dass sie Lorelai das Geld leiht, Lorelai und Rory sollen ab jetzt jeden Freitag zum Abendessen vorbeikommen. Auf diese Weise kommen sich die Gilmores wieder näher. [8]

Prison Break ist eine amerikanische Serie von Filmregisseur und Drehbuchautor Paul Scheuring, die von 2005-2009 produziert wurde und in Deutschland erstmalig 2007 ausgestrahlt wurde.[9]

Prison Break handelt von den Brüdern Michael Scofield und Lincoln Burrows. Lincoln wurde zur Todesstrafe verurteilt, da er angeblich verantwortlich für den Mord am Bruder des Vizepräsidenten der Vereinigten Staaten sein soll. So sitzt er in Illinois im Fox-River-State- Gefängnis. Sein Bruder Michael, ein Statiker der beim Umbau des Gefängnisses beteiligt war und so mit dem Plan der Anlage vertraut ist, ist aber von dessen Unschuld überzeugt. Daraufhin plant er einen Gefängnisausbruch, da es aussichtslos erscheint, Lincoln mit juristischen Möglichkeiten frei zu bekommen. Er lässt sich selbst in das Gefängnis einliefern, um die Flucht von innen zu organisieren und das Leben seines Bruders zu retten.[10]

---

[7] vgl. http://www.fernsehlexikon.de/tag/gilmore-girls/ (Stand: 8.9.2014)
[8] vgl. Sherman-Palladino, Amy: Gilmore Girls, 2000, Episode 1
[9] vgl. http://www.serienjunkies.de/PrisonBreak/produktion.html (Stand: 8.9.2014)
[10] vgl. Scheuring, Paul: Prison Break, 2005, Episode 1

5

3.2   Analyse

3.2.1   Motive des Anfangs: Vorstellen der Eröffnungsszenen

Im Folgenden wird die Handlung der Eröffnungsszene der *Gilmore Girls* aus der Pilotfolge „Alles auf Anfang" (englischer Name „Pilot") knapp zusammengefasst.

Bevor jegliche Art von Handlung zu sehen ist, wird der Schriftzug „Gilmore Girls" auf schwarzem Hintergrund eingeblendet. Danach setzt die Handlung ein. Zu sehen ist eine Frau, die das kleine Restaurant „Luke´s" betritt. (Bei dieser Frau handelt es sich um Lorelai Gilmore, eine der Protagonistinnen, wie sich später herausstellt.)

Die Frau bestellt an der Theke einen Kaffee und sofort wird klar, dass sie Stammgast ist, denn der Mann hinter der Theke, (Luke) will wissen, um den wievielten Kaffee an diesem Tag es sich handelt. Lorelai wartet an einem Tisch und wird dort von einem Mann angesprochen, dem sie allerdings nicht weiter Beachtung schenkt.

Ein braunhaariges Mädchen (Rory Gilmore) betritt den Laden und setzt sich zu Lorelai an den Tisch. Dass die beiden sich sehr vertraut sind, wird anhand der Unterhaltung klar. Während Lorelai zum zweiten Mal an die Theke geht, um einen Kaffee für das Mädchen zu holen, spricht der Mann auch Rory an und Lorelai schreitet ein, indem sie ihm erklärt, dass es sich bei dem Mädchen um ihre Tochter handelt. Aus der folgenden Unterhaltung geht hervor, dass Rory erst 16 Jahre alt ist. Die Szene endet und das Intro der Serie *Gilmore Girls* mit dem Titellied wird eingespielt.[11]

Anschließend erfolgt eine kurze inhaltliche Zusammenfassung der Handlung in der ersten Serienfolge zu *Prison Break*, die den deutschen Namen „Der große Plan" (englischer Name genauso wie bei *Gilmore Girls* „Pilot") trägt.

Das erste was der Zuschauer von der Serie zu hören bekommt, noch bevor ein Bild erscheint, ist das Surren der Nadel eines Tätowierers. Anschließend setzt das Bild ein und eine Nahaufnahme des Gesichts eines jungen Mannes wird gezeigt. Dieser wird gerade tätowiert. Der Zuschauer erfährt noch nicht, um wen es sich handelt, sondern nur, dass der junge Mann sich innerhalb der letzten zwei Monate den gesamten Oberkörper hat tätowieren lassen. Auf die

---

[11] vlg. Sherman-Palladino, Amy: Gilmore Girls, 2000, Episode 1

Aussage der Tätowiererin, dass sich die meisten dafür mehrere Jahre Zeit gelassen hätten, antwortet der Mann: „So viel Zeit hab ich nicht. Ich wünschte ich hätte sie."[12]

Im späteren Verlauf der Episode wird deutlich, wie dieses Zitat zu verstehen ist: Dem Protagonisten bleibt nicht mehr viel Zeit, um seinen Bruder zu retten, da diesem nur noch ein Monat bis zum angesetzten Termin der Hinrichtung bleibt.

Der erste Handlungsstrang ist abgeschlossen, nachdem der Mann bei einem Banküberfall, - der absichtlich stümperhaft durchgeführt wurde, mit dem Ziel von der Polizei gefasst zu werden -, festgenommen wird und gezeigt wird, wie er vor Gericht sitzt und sich schuldig bekennt. In der Gerichtsszene wird für ungefähr eine Sekunde der Schriftzug „Prison Break" eingeblendet, gefolgt von den Namen der Hauptdarsteller, Produzenten und anderer beteiligter Personen.[13]

Bereits anhand dieser Beschreibung wird deutlich, wie gegensätzlich die beiden Serienanfänge sind. Während der Zuschauer bei *Gilmore Girls* mitten in den Alltag der Hauptcharaktere Lorelai und Rory Gilmore geführt wird und diese bei einem ihrer wohl sehr häufigen Besuche zu „Luke's" begleitet, sieht er sich bei *Prison Break* mit einer auch für den Protagonisten Michael neuen Situation konfrontiert.

Bei *Gilmore Girls* ist hier ein ‚iteratives Vorspiel' zu beobachten, dass den Einstieg mithilfe alltäglicher Rituale gestaltet.[14] Die Folge beginnt und endet mit einem Kaffee bei „Luke's", was darauf schließen lässt, dass es sich hierbei um ein Ritual, eine Gewohnheit, der Gilmores handelt, den Tag in jenem Café zu beginnen und/oder zu beenden.

Die Medienwissenschaftlerin Judith Lehmann spricht hier von dem Erfüllen der „temporalen Unbestimmtheit."[15] Darunter ist zu verstehen, dass durch die immer gleichen wiederkehrenden Rituale der Zuschauer das Verständnis dafür verliert, an welchem Zeitpunkt der Erzählung sich die Serie eigentlich gerade befindet. Lehmann erklärt weiter, dass diesen Zeitpunkt zudem „oft [...] nicht einmal die Gespräche erkennen [lassen]"[16] und dass dazu das in den meisten Serien im weiteren Verlauf verwendete vorausgehende „*previously on*" dient. Die Schlussszene der Pilotfolge zu *Gilmore Girls* unterstreicht Lehmanns Aussage: Die

---

[12] Scheuring, Paul: Prison Break, 2005, Episode 1
[13] vlg. Ebd.
[14] vgl.80 Lehmann, Judith (2010): „Good Morning, Cicely – Serien-Anfänge, Expositionen, Ursprungsmythen", in: Meteling et al. (Hg.): ‚Previously On ...' Zur Ästhetik der Zeitlichkeit neuerer TV-Serien. München; S. 80
[15] Ebd.
[16] Ebd.

Episode endet, wie bereits erwähnt, mit einem Kaffee bei Luke. Lorelai und Rory sitzen, ins Gespräch vertieft, an einem der Tische. Die Kamera zoomt aus dem Fenster des Restaurants heraus, Musik setzt ein, die Unterhaltung der beiden wird immer leiser und somit für den Zuschauer unverständlich. Schließlich wird das Bild schwarz und die Episode endet. Es wird nicht wie aus anderen Serien bekannt, mit einem Cliffhanger gearbeitet, sondern die in der Folge thematisierte Handlung ist abgeschlossen und somit ist es auch für den Zuschauer Zeit sich ‚zurückzuziehen'. Die Struktur dieser ersten Folge lässt vermuten, dass sich weitere Folgen mit hoher Wahrscheinlichkeit nach dem gleichen Muster abspielen werden.

Bei *Prison Break* stattdessen handelt es sich nicht um ein iteratives Vorspiel, sondern vielmehr findet sich hier das Phänomen des „singulären Anfangsimpul[se]s"[17] wieder. Der Statiker Michael Scofield überfällt eine Bank, um in das gleiche Gefängnis eingeliefert zu werden, in dem sein unschuldiger Bruder sitzt. Mit Michaels Ankunft im Gefängnis beginnt nicht nur für den Zuschauer das Entdecken und Kennenlernen einer neuen Welt. Genauso wie für das Fernsehpublikum, ist auch für den Protagonisten die Umgebung eine neue und die Charaktere, die auftreten, sind ihm ebenso unbekannt wie dem Publikum. Der Zuschauer bekommt hier die Chance, die diegetische Welt gemeinsam mit dem Helden der Serie zu erkunden. Auch hier endet die Folge nicht direkt mit einem Cliffhanger, jedoch bleibt die Handlung offen und stoppt an einer spannenden Stelle, als Michael seinem Bruder die auf seinen Oberkörper tätowierten Baupläne des Gefängnisses zeigt.

Ruft man sich hier nochmal das Ende der zuvor beschriebenen Szene zu *Gilmore Girls* in Erinnerung, lässt sich deutlich der unterschiedliche Umgang mit dem Aufbau der Narration erkennen. Die unterschiedlichen Strukturen lassen vermuten, dass zwar beide Serien die Erzählung kontinuierlich wiedergeben, dass jedoch bei *Gilmore Girls* jede Folge eine in sich geschlossene Handlung darstellt, während bei *Prison Break* die Handlung immer über mehrere Episoden verteilt weiterläuft.

---

[17] Ebd.

3.2.2 Abarbeiten des Aufgabenkatalogs

Die Medienwissenschaftlerin Britta Hartmann stellt in ihrer *Texttheorie des Filmanfangs* einen „Aufgabenkatalog" vor, der folgende Aspekte beinhaltet:

> „die Angabe von Zeit und Ort der Handlung, die Einführung des Personals, die Charakterisierung der einzelnen Figuren und ihre Beziehungen zueinander, aus denen die entscheidenden Hinweise auf mögliche Konflikte zu entnehmen sind, [...] die Einführung des Themas, der Genrezugehörigkeit sowie des Stils. Außerdem soll die   Exposition die „Grundstimmung" bzw. den „Tonfall" des Stückes etablieren."[18]

Das folgende Kapitel nimmt sich der weiteren Analyse der beiden Pilotfolgen an. Es wird der soeben vorgestellte „Aufgabenkatalog" auf die beiden Pilotfolgenden angewandt. Dabei rückt zuerst die Folge *Gilmore Girls* in den Mittelpunkt der Betrachtung.

Gleich zu Beginn wird mithilfe eines Ortschildes auf den Namen der Stadt („Stars Hollow) und somit auf den Ort der Handlung hingewiesen. Um welches Jahr es sich handelt, geht aus der Episode nicht hervor, aber der Zuschauer erfährt, dass die Handlung im September stattfindet. Auch die beiden Hauptdarstellerinnen, Lorelai und ihre Tochter Rory Gilmore, werden schon in der Eröffnungsszene vorgestellt, ebenso wie Luke, der Inhaber des Restaurants „Luke's". In den nachfolgenden Szenen lernt der Zuschauer noch Rorys Freundin Lane und deren Mutter kennen, den Franzosen Michel, der in Lorelais Hotel an der Rezeption arbeitet und Lorelais Freundin und Arbeitskollegin Sookie, die auch als Köchin in dem Hotel angestellt ist. Außerdem werden die Eltern von Lorelai vorgestellt. Die Beziehung, die Lorelai zu ihren Eltern hat, wird deutlich, als Lorelai in der 19. Minute der Episode bei ihrer Mutter vor der Tür steht und diese nicht nur sehr überrascht über den Besuch zu sein scheint, sondern Lorelai auch mit der Frage „Ist denn schon Ostern?"[19] begrüßt. Das folgende Gespräch im Wohnzimmer der Gilmores bestätigt den Eindruck, dass Lorelai ein sehr distanziertes Verhältnis zu ihren Eltern hat und dass die Großeltern bisher ihre Tochter und Enkelin nur an Feiertagen zu Besuch hatten. Im späteren Verlauf der Episode wird deutlich, dass der Kontakt abbrach, nachdem Lorelai mit 16 Jahren ungeplant schwanger wurde, daraufhin auszog und die angebotene Hilfe ihrer Eltern ablehnte. Über den Vater von Rory erfährt der Zuschauer lediglich den Namen (Christopher) und anhand Lorelais Reaktion, - diese verlässt den Tisch als sein Name genannt wird -, lässt sich vermuten, dass die Beziehung nicht problemlos geendet hat und dass die Fronten zwischen den beiden womöglich noch ungeklärt sind.

---

[18] Hartmann, 1995, S.107
[19] Sherman-Palladino, Amy: Gilmore Girls, 2000, Episode 1

Über die Beziehung zwischen Lorelai und ihrer Tochter erfährt der Zuschauer, dass es sich hierbei nicht um ein typisches Mutter-Tochter-Verhältnis handelt, bei dem die Mutter die Regeln aufstellt und ihre Tochter zu bevormunden versucht, sondern die beiden wirken wie Freundinnen, oder sogar Schwestern. Beispielsweise antwortet Lorelai, nachdem sie mit Rory gestritten hatte, auf die Aussage ihrer Freundin Sookie, dass es normal sei, dass sich Mütter und Töchter öfters streiten[20]: „Nein! Bei uns ist das anders, wir streiten niemals!"[21]

Weiterhin sind auch bereits Thema, Genre und Grundstimmung anhand der Pilotfolge festzumachen. Im Mittelpunkt der Handlung stehen Lorelai und Rory Gilmore mitsamt ihren Problemen, Wünschen und Vorstellungen. Bei der Genrezugehörigkeit können Drama und Komödie genannt werden, da nicht nur gute Laune und Lebensfreude im Vordergrund stehen, sondern die persönlichen Probleme der Protagonisten auch so authentisch hervorgebracht werden, dass der Zuschauer sich zum einen möglicherweise selbst mit der Figur identifizieren kann bzw. zum Mitfühlen angeregt wird. Die Grundstimmung allerdings ist eindeutig geprägt von witzigen Dialogen und liebenswürdigen Charakteren, was der Serie eine sympathische Note verleiht.

Im Folgenden fällt das Augenmerk auf die erste Serienfolge zu Prison Break.

Schon in den ersten fünf Minuten erfährt der Zuschauer, dass sich die Geschehnisse in der amerikanischen Stadt Chicago abspielen. Vorgestellt wird gleich zu Beginn eine der Hauptfiguren, Michael Scofield, und im weiteren Verlauf lernt der Zuschauer das Gefängnispersonal, einige Insassen und Michaels Bruder, Lincoln Burrows, kennen. Die Beziehung der beiden Brüder steht im Mittelpunkt der Handlung. Es lässt sich außerdem vermuten, dass es sich dabei um ein sehr inniges Verhältnis handelt, da Michael sein Leben riskiert, um Lincoln zu retten. Michaels Anwältin, die gleichzeitig Lincolns Exfreundin ist, beschreibt in einem Gespräch mit Michael die Beziehung der beiden mit folgenden Worten: „Ich kenne euch, euch beide, und das was ihr unter Liebe versteht war schon immer ziemlich kaputt!"[22] Diese Aussage ist ein Beispiel für die intensive Bindung zwischen den Brüdern und beschreibt die Situation treffend. Man kann behaupten, dass es sich um ein einzigartiges Verhältnis handelt, denn sicherlich wäre nicht jeder Mann bereit, sich freiwillig ins Gefängnis einliefern zu lassen, um seinem Bruder beizustehen und mit allen Mitteln dessen Hinrichtung zu verhindern.

---

[20] vgl. Ebd.
[21] Ebd.
[22] Scheuring, Paul: Prison Break, 2005, Episode 1

10

Was das Genre betrifft, ist hier keine klare Festlegung möglich. Die Folge beinhaltet sowohl dramatische Szenen, - wenn beispielsweise die Beziehung der beiden Brüder oder das Verhältnis zwischen Lincoln und seinem Sohn zur Sprache kommen -, als auch Szenen die eindeutig dem Action- oder sogar Thriller- Genre zuzuordnen sind. Dass es sich bei *Prison Break* nicht um eine Comedy- oder Fantasy-Serie handelt, wird allerdings deutlich. Die Grundstimmung dagegen ist unmissverständlich: Der Gefängnisalltag ist hart und das Schicksal der Brüder mitreißend. Gewalt, Action und Tragik treffen aufeinander um den Zuschauer sofort zu fesseln.

Alle Punkte des „Aufgabenkatalogs" nach Britta Hartmann finden sich in den beiden Pilotfolgen wieder. Das Genre wird manifestiert und sowohl *Gilmore Girls* als auch *Prison Break* liefern genügend Informationen zu den neuen, sich eröffnenden Welten, um dem Zuschauer einen umfassenden Gesamteindruck zu vermitteln.

3.2.3   Status Quo und Verweis auf Kommendes

Wie oben bereits erklärt, wird der Zuschauer bei *Gilmore Girls* direkt in die Routine, in den Alltag der Hauptcharaktere eingeführt. Trotzdem lassen sich in abgeschwächter Weise auch hier Beispiele für einen neuen „Anfangsimpuls" finden. Zum einen wird Rory an der privaten Schule „Chilton" angenommen, was auch gleichzeitig der Grund dafür ist, dass Lorelai den Kontakt zu ihren Eltern sucht, da sie alleine sich das Schulgeld für ihre Tochter nicht leisten kann. Daraufhin verpflichtet Lorelais Mutter Emily Gilmore Lorelai und Rory zu einem wöchentlichen Abendessen, das jeden Freitag stattfinden soll. Es wird hiermit ein neues Ritual eingeführt, das wöchentliche Abendessen bei den Gilmores.

Weiterhin lässt Rorys Zusage für die neue Schule darauf schließen, dass in den kommenden Folgen für das Mädchen ein neuer Lebensabschnitt beginnen wird. Ein weiteres Beispiel wäre noch der Junge Dean, der mit seiner Familie neu in die Stadt gezogen ist, und auf den Rory in dieser ersten Folge das erste Mal trifft. Aus einem Gespräch mit ihrer Mutter wird deutlich, dass es sich um den ersten Jungen bisher in Rorys Leben handelt. Der Zuschauer bekommt demnach auch bei *Gilmore Girls* ausreichend neue, noch nie da gewesene Situationen oder Momenten im Leben der Protagonisten, zu sehen. Weiterhin wird auch die Vergangenheit nicht außer Acht gelassen. So erfährt der Rezipient über den Rorys Vater, dass dieser nicht an Rorys Erziehung beteiligt war und dass das Verhältnis zu diesem dementsprechend schlecht ist.

Bei *Prison Break* wird auch der Protagonist Michael Scofield mit einer Fülle von neuen Eindrücken und Informationen konfrontiert. Der Zuschauer allerdings weiß zwar von Michaels Plan, seinen Bruder aus dem Gefängnis zu befreien, doch wie dieser Plan genau aussieht ist nicht zu erahnen. Durch teilweise verwendete Rückblenden, erfährt der Rezipient einige Details aus Michaels Vorbereitungsphase. Es wird hier aber bewusst viel Freiraum gelassen, um nicht zu viel zu verraten. Britta Hartmann bemerkt dazu, dass, ihrer Meinung nach, die Exposition „in Strategien der Themenentfaltung, der ‚Ausfaltung' von Charakteren, der Explikation von (Vor-)Geschichte etc. eingebunden ist."[23]

Zusammengefasst kann gesagt werden, dass sich die Einführung in das Thema der Serie auf den Verlauf der gesamten Episode verteilt. Der Zuschauer bekommt zum einen die für das Verständnis des Status Quo relevanten Informationen zur Vergangenheit und zum anderen wird genügend „Neues" eingeführt, sodass der Rezipient angeregt wird, über den weiteren Verlauf der Handlung spekulieren zu können. Bewusst bedient sich der Pilot solcher Strategien, da die Aufmerksamkeit des Publikums in dieser Anfangsphase der Serie besonders geschärft ist und die Zuschauer hier „verstärkt nach Informationen suchen."[24]

Sowohl bei *Gilmore Girls* als auch bei *Prison Break* ist der Einsatz einer solchen Strategie vorzufinden.

4   Ergebnis und Schlussbetrachtung

Wie kann ein Einstieg in eine Serie aussehen? Was muss der Serienanfang eigentlich leisten? Meiner Arbeit lagen diese Fragen zu Grunde.

Bei der Auseinandersetzung mit der Gestaltung des Serienanfangs wird deutlich, dass der Pilot einer Serie vor allem zwei zentrale Voraussetzungen zu erfüllen hat. Zum einen sollte er die Einführung in das Thema liefern, um den Rezipienten dadurch mit der neuen Umgebung bekannt zu machen und zum anderen versucht er, den Zuschauer an nachfolgende Episoden zu binden. Diese Voraussetzungen werden bei den Pilotfolgen von *Gilmore Girls* und *Prison Break* beide erfüllt. Dabei werden jeweils unterschiedliche Strategien angewendet. Davon, dass die Serien sich natürlich schon allein durch das Genre grundlegend unterscheiden, sei ab-

---

[23] Hartmann, 1995, S.109
[24] Ebd. S.104

gesehen. Die Gegensätzlichkeit der Vorgehensweisen lässt bewusst werden, dass es keine universell gültige, keine einzig richtige Anleitung zum Gestalten eines Serienanfangs gibt, sondern dass es mehrere Möglichkeiten geben kann um das gleiche Ziel zu erreichen.

Am Beispiel der Piloten zu *Gilmore Girls* und *Prison Break* kann demnach gezeigt werden, dass eine unterschiedliche Herangehensweise beim Verfolgen der gleichen Intention möglich ist und sogar gewinnbringend sein kann. Denn durch die Gestaltung abwechslungsreicher Serienanfänge und grundsätzlich unterschiedlicher Serientypen, wird dem Rezipienten ein breiteres und vielseitigeres Feld an Auswahlmöglichkeiten gegeben. Ein immer gleicher Serienanfang würde wohl auf Dauer langweilig werden und so die Voraussetzung, den Zuschauer zu fesseln, nicht mehr erfüllen. Hier liegt auch der Unterschied des Serienanfangs zu dem Anfang eines Films. Natürlich muss auch der Film in den ersten Minuten überzeugen, doch verfolgt er nicht das Ziel, den Zuschauer für eine ganze Serie zu gewinnen.

Was ist also die Quintessenz dessen, was dem Rezipienten durch den Piloten vermittelt werden soll?

Es soll wohl vor allem ein Zugang zu einer neuen Welt eröffnet werden, die den Zuschauer in ihren Bann zieht, ihn fasziniert, ihn verzaubert. Kurz gesagt: Überzeugt!

Literatur- und Quellenverzeichnis

Brussig, Thomas: Literaturwettbewerb
http://www.spiegel.de/kultur/literatur/literatur-wettbewerb-die-magie-des-ersten-satzes-a-483478.html (Stand: 01.09.2014)

Hartmann,Britta (1995): „Anfang – Exposition – Inititation. Perspektiven einer pragmatischen Texttheorie des Filmanfangs" in,: Montage/av, 4.2; S.101-122.

Informationen zur Produktion der Serie *Gilmore Girls*:
http://www.fernsehlexikon.de/tag/gilmore-girls/ (Stand: 8.9.2014)

Informationen zur Produktion der Serie *Prison Break*:
http://www.serienjunkies.de/PrisonBreak/produktion.html (Stand: 8.9.2014)

Lehmann, Judith (2010): „Good Morning, Cicely – Serien-Anfänge, Expositionen, Ursprungsmythen", in: Meteling et al. (Hg.): ‚Previously On ...' Zur Ästhetik der Zeitlichkeit neuerer TV-Serien. München; S. 75-94.

Materialien des Proseminars Serialität der Serie bei Elke Möller, Sommersemester 2014

Scheuring, Paul: Prison Break, Staffel 1, Episode 1, USA 2005

Sherman-Palladino, Amy: Gilmore Girls, Staffel 1, Episode 1, USA 2000